AF413154

VIDA ECO-CONSCIENTE

Vida eco-consciente

Tomar decisiones que beneficien a la Tierra

TRISTAN EVERGREEN

QuantumQuill Press

CONTENTS

Introducción

En un período caracterizado por el desarrollo de dificultades naturales, la idea de una vida ecoconsciente ha pasado de ser un interés especializado a una necesidad apremiante. En esencia, la vida ecoconsciente ejemplifica las decisiones y los movimientos que iniciamos para limitar nuestra impresión ecológica, intentando lograr una concordancia entre nuestras formas de vida y el mundo normal. Esta forma de afrontar la vida nos incita a pensar no sólo en la rápida adaptación o el coste de nuestras decisiones, sino también en su efecto en el bienestar del mundo y la prosperidad de las personas en el futuro.

El significado de adoptar un estilo de vida ecoconsciente no podría ser más significativo. Cada parte de nuestras rutinas diarias , desde los alimentos que devoramos hasta los métodos de transporte de los que dependemos, se suma a un panorama más amplio que influye en los entornos mundiales, el cambio ambiental y la biodiversidad. El efecto agregado de actividades individuales tiene la capacidad de influir en el equilibrio hacia la sustentabilidad o la corrupción natural. Por lo tanto, comprender y moderar nuestros efectos ecológicos propios y comunes se convierte en una cuestión de decisión moral, así como de resistencia.

Este libro, está creado para guiarlo a través de la excursión de comprensión y realización de prácticas razonables en diferentes aspectos de la vida. Planea iluminar las formas a través de las cuales las personas pueden contribuir a un cambio natural positivo más grande. Al coordinar estándares de mantenibilidad en nuestros horarios, mejoramos nuestra satisfacción personal y participamos en un desarrollo mundial hacia un planeta más práctico e imparcial.

Organizado para cuidar especialmente de los dos aficionados y de quienes están a su alrededor en el camino de una vida ecoconsciente, este libro se desarrolla a través de partes definidas que cubren temas cruciales como descubrir nuestro efecto natural, adoptar rudimentos prácticos de vida e investigar caminos para superar lo esencial para lograr un cambio significativo. Cada segmento tiene como objetivo brindar conocimientos importantes y sugerencias útiles, haciendo de la manejabilidad un objetivo factible para todos.

Mientras nos sumergimos en conversaciones sobre la reducción del desperdicio, el control de la energía, la alimentación razonable y el transporte ecológico, el libro sienta las bases para prácticas de vida esenciales y manejables. En el futuro, se aventura en temas más desarrollados como el estilo sostenible, la planificación financiera ecológica, la preservación del agua y el apoyo a la biodiversidad. Además, subraya la importancia del compromiso, el respaldo, el cambio de estrategia y la educación del área local para cultivar un área local sustentable. Por fin, compartir excursiones e historias individuales representa el uso genuino de una vida ecoconsciente, ofreciendo motivación e inspiración para emprender o continuar con esta satisfactoria excursión.

Emprender una excursión hacia una vida ecoconsciente es a la vez una responsabilidad individual y una actividad agregada hacia un futuro más práctico. Este libro le servirá de ayuda y le permitirá reflexionar sobre sus decisiones cotidianas , captar sus ramificaciones más amplias y adoptar las prácticas que contribuyen decididamente a la prosperidad del mundo. Mientras investigamos estos temas y técnicas, recuerde que cada pequeño paso cuenta. Juntas, nuestras decisiones y actividades pueden generar un camino hacia un planeta mejor y una conjunción más sustentable con el mundo normal.

| 1 |

Capítulo 1: Comprender nuestro impacto

El pensamiento de la impresión de carbono

La máxima "impresión de carbono" se ha convertido en una premisa en los debates sobre el cambio ecológico y la legitimidad. Implica la cantidad total de sustancias dañinas para la capa de ozono, principalmente dióxido de carbono, que son emitidas clara o indirectamente por personas, afiliaciones, cosas o eventos. Estos diferenciales se suman a una modificación general de la temperatura y un cambio natural, lo que hace que la comprensión y la disminución de nuestra impresión de carbono presionen para la sensibilidad biológica.

Cada movimiento que hacemos, desde conducir un vehículo hasta calentar nuestros hogares, implica el uso de energía, gran parte de la cual en realidad proviene de productos derivados del petróleo . Estas actividades liberan dióxido de carbono y otras sustancias dañinas para la capa de ozono al clima, ganando fuerza y provocando el calentamiento de nuestro planeta. Los resultados son de gran alcance y afectan los patrones climáticos, los niveles del mar y la estructura orgánica de todo el planeta.

Procesar la propia impresión de carbono puede ser una experiencia edificante, que revela lo que las opciones de estilo de vida significan

3

claramente para el medio ambiente. Un par de PC e instrumentos basados en la web más pequeños de lo habitual están abiertos para ayudar a individuos y asociaciones a examinar sus resultados de derivados del petróleo, tomando decisiones más informadas sobre el uso de energía, el transporte y las tendencias de uso.

Liberar los efectos del cambio natural requiere un movimiento total para disminuir nuestras impresiones de carbono. Esto puede incluir cambios directos, como cambiar a máquinas de bajo consumo energético, reducir el uso de carne o optar por el transporte abierto en vehículos confidenciales. En mayor medida, apoyar fuentes de energía inofensivas para el ecosistema y mantener técnicas que reduzcan los efectos secundarios de los productos derivados del petróleo son pasos esenciales hacia un futuro plausible.

Al obtenerlo y esperar un sentimiento de orgullo por nuestra impresión de carbono, podemos buscar opciones que beneficien nuestras propias vidas y que contribuyan a un trabajo general para luchar contra el cambio ecológico. El camino hacia la viabilidad comienza con el cuidado, y ver nuestra impresión de carbono es el escenario principal para marcar una gran diferencia.

La contaminación plástica y sus repercusiones

La contaminación del plástico se ha convertido en uno de los problemas ambientales más apremiantes que se recuerdan. Con una enorme cantidad de desechos plásticos que ingresan constantemente a nuestros océanos, el impacto en la vida marina, los sistemas naturales y la prosperidad humana es crítico. El plástico, debido a su naturaleza resistente, puede persistir en el medio ambiente durante mucho tiempo, provocando un ejemplo de contaminación que intenta romperse.

La conveniencia del plástico ha provocado su presencia generalizada en nuestros horarios estándar, pero su evacuación presenta inmensos problemas. Los plásticos de un solo uso, como paquetes, contenedores y pajitas, son los principales acumuladores responsables y, a veces, terminan en arroyos y océanos, donde se separan en microplásticos. Estas pequeñas partículas son ingeridas por animales marinos, entrando en la jerarquía de dominancia y potencialmente impactando la prosperidad humana.

Combatir la contaminación plástica requiere una técnica alucinante . Reducir el uso de plásticos de un solo uso, crear aún más estructuras de organización de residuos y apoyar la mejora de las opciones biodegradables son marcos clave. Las personas pueden tener un impacto adoptando artículos reutilizables, participando en intentos de limpieza espacial y promoviendo metodologías que limiten la producción de plástico y permitan la reutilización.

La lucha contra la contaminación plástica no se trata sólo de proteger la vida marina y salvar la eminencia ordinaria; está relacionado con garantizar un planeta superior para las personas en el futuro . Al comprender los resultados de nuestro uso del plástico y tomar medidas para dirigir su impacto, podemos ayudar a detener la marea de contaminación y avanzar hacia un mundo más plausible.

Dificultades de la biodiversidad

La biodiversidad, el conjunto de la vida en el mundo, es clave para la prosperidad y la estabilidad de los marcos naturales. Mantiene todo, desde la seguridad alimentaria y el agua potable hasta la anticipación irresistible y el gobierno climático. En cualquier caso, las actividades humanas, como la deforestación, la contaminación y el cambio natural, están provocando una enorme pérdida de biodiversidad, comprometiendo la perseverancia de innumerables especies y los sistemas orgánicos que dependen de ellas.

Las explicaciones detrás del retroceso de la biodiversidad son desconcertantes, pero generalmente están determinadas por la expansión de los cultivos, el desarrollo metropolitano y el engaño de los recursos consuetudinarios. Estas actividades aplastan los elementos ambientales habituales, así como las condiciones del área, lo que dificulta que las especies puedan sobrevivir e imitar. El cambio ecológico deteriora estas cepas, modificando los factores ambientales habituales y perturbando la delicada armonía de los marcos naturales.

Los resultados del retroceso de la biodiversidad son amplios y afectan tanto a las especies en peligro como a los pueblos humanos. Los sistemas orgánicos paralizados por la falta de biodiversidad están menos preparados para proporcionar el tipo de ayuda del que dependemos, como el tratamiento, la limpieza del agua y el secuestro de carbono. Además, la biodiversidad es una fuente de materiales genéticos indispensables para la medicina, el cultivo y la industria.

Abordar el retroceso de la biodiversidad requiere un trabajo organizado para proteger y restaurar las condiciones, completar prácticas viables de uso de la tierra y facilitar el cambio natural. Esto puede lograrse mediante el refuerzo de los distritos protegidos, el avance de un desarrollo que respete la biodiversidad y el apoyo de campañas de seguros. Las personas pueden contribuir apoyando las afiliaciones conservacionistas, tomando decisiones asequibles para los clientes y exponiendo cuestiones sobre el significado de la biodiversidad.

Comprender nuestro impacto en el planeta es el impulso más fundamental para adoptar un estilo de vida más respetuoso con el medio ambiente. Al tomar conciencia de las repercusiones de nuestra impresión de carbono, los resultados de la contaminación plástica y el significado de salvar la biodiversidad, podemos comenzar a tomar decisiones que nos beneficien a nosotros mismos y a la Tierra. A medida que avanzamos, asumamos el compromiso de tratar nuestro planeta con cuidado, garantizando un mundo posible y próspero de aquí en adelante, de forma indefinida.

Capítulo 2: Conceptos básicos de una vida sostenible

Disminución del desperdicio

En la misión por la practicidad, la reducción de los residuos se considera un objetivo esencial y alcanzable. El mantra "Disminuir, Reutilizar, Reutilizar" ofrece un diseño directo pero convincente para restringir nuestra impresión biológica. Al centrarnos primero en disminuir lo que consumimos, claramente reducimos la cantidad de desechos generados y los recursos esperados para su creación y expulsión.

Disminuir el desperdicio requiere un trabajo discernidor para investigar nuestras necesidades versus necesidades. Incluye elegir artículos con empaques insignificantes, elegir mejores estándares sin importar nada más y evitar artículos de un solo uso por otras opciones reutilizables. Los cambios claros, como transportar una botella de agua reutilizable, comprar con bolsas de tela y utilizar compartimentos rellenables, pueden acabar básicamente con los residuos plásticos.

Más allá del uso confidencial, reducir el desperdicio también implica monitorear el desperdicio de alimentos. Organizar cenas, comprar exactamente lo que necesitamos y encontrar alguna forma de ahorrar o usar creativamente artículos adicionales son prácticas que contribuyen a un estilo de vida que reduce los desechos. El tratamiento de los desechos naturales reduce aún más la carga en los vertederos, devolviendo importantes mejoras al suelo.

Reducir el desperdicio no es sólo una exhibición de seguro normal; es una declaración de estándar contra la cultura desechable que se suma a la contaminación general. Al adoptar un método más cauteloso para gestionar el uso, podemos mostrar a otros cómo se termina, incitándolos a contemplar el impacto de sus elecciones y desarrollando una cultura de razonabilidad.

Capacidad energética en el hogar

La capacidad energética es la base de una vida razonable y ofrece beneficios tanto biológicos como financieros. Al impulsar la forma en que usamos la energía en nuestros hogares, podemos disminuir completamente las emisiones de sustancias dañinas para el ozono y obtener mejores ofertas en las facturas de ayuda. La salida hacia la capacidad energética comienza con avances directos que pueden tener un impacto tremendo después de un tiempo.

Una de las formas más sencillas de aumentar la eficiencia energética es cambiar a iluminación Drive. Los LED consumen una parte irrelevante de la energía de las bombillas brillantes tradicionales y duran fundamentalmente más, lo que disminuye tanto el uso como el desperdicio de energía. Rediseñar la seguridad del hogar es otra medida importante, ya que restringe la falta de energía en invierno y mantiene los hogares más frescos en verano, reduciendo de la misma manera la necesidad de calefacción y refrigeración.

Las máquinas con capacidad energética también necesitan un componente básico. Justo cuando este momento es la mejor oportunidad para reemplazar o actualizar dispositivos, elegir modelos con evaluaciones de alta capacidad energética puede generar enormes ingresos de riesgo y reducir los efectos secundarios de los derivados del petróleo. Del mismo modo, adoptar tendencias como apagar las luces cuando no se utilizan, apagar los dispositivos electrónicos que no se están cargando y utilizar controladores interiores inteligentes puede aumentar el consumo de energía en toda la casa.

Colocar recursos en fuentes de energía inofensivas para el ecosistema, como los cargadores que funcionan con luz natural , también puede aumentar la eficiencia energética y la legitimidad de un hogar. Aunque el esfuerzo fundamental puede ser mayor, los activos de inversión a largo plazo y los beneficios constantes hacen que la energía inofensiva para el ecosistema sea una decisión ciertamente atractiva para los titulares de hipotecas con criterio ecológico.

Al centrarnos en la viabilidad energética, no sólo contribuimos a la lucha contra el cambio natural, sino que además adoptamos un estilo de vida que valora la seguridad de los recursos y la gestión ambiental. Estos ejercicios, cuando se copian en las redes, pueden provocar enormes reducciones en el uso de energía y la liberación de sustancias que agotan la capa de ozono en todo el planeta.

Ejemplos dietéticos alcanzables

La alimentación asequible está relacionada con la elección de fuentes de alimentos que sean una buena idea tanto para el planeta como para nuestro cuerpo. Incluye reflexionar sobre cómo se elaboran, cuidan y transportan los alimentos, y elegir opciones que limiten el impacto biológico. Para una alimentación eficaz es indispensable reducir el consumo de carne, especialmente las rojas y procesadas, que tienen una enorme huella de carbono y agua en comparación con los recursos necesarios para el crecimiento de los animales domesticados.

Adoptar una dieta basada en plantas, ya sea exclusivamente o no , puede reducir drásticamente la impresión de carbono. Las variedades de alimentos de origen vegetal generalmente requieren menos agua, tierra y energía para su transporte que las variedades de alimentos de origen animal . Combinar alimentos, verduras, hortalizas y cereales más normales en los banquetes ayuda al medio ambiente y favorece una dieta fuerte y contrastada.

Una alimentación sensata también implica recoger espacio y productos periódicamente siempre que lo que esté sucediendo lo permita. Esto reduce los efectos de las fuentes de energía no renovables asociados con el transporte de alimentos a grandes distancias y apoya a los agricultores y las economías cercanas. Es más, comprar fuentes regulares de alimentos puede contribuir a la prosperidad del suelo y la biodiversidad, ya que las prácticas de desarrollo normales evitan el uso de pesticidas y excrementos específicos.

Restringir el desperdicio de alimentos es otra parte esencial de una alimentación legítima. Al organizar las comidas, cuidar los alimentos adecuadamente y utilizar elementos adicionales de manera creativa, las personas pueden, en un nivel muy básico, reducir la cantidad de alimentos que se desperdician. Esto conserva los recursos y disminuye las liberaciones de metano provenientes de la desintegración de alimentos en los vertederos.

Adoptar ejemplos dietéticos plausibles es un punto fuerte para influir en la estructura alimentaria hacia prácticas más inocuas para el medio ambiente. A través de decisiones cautelosas sobre lo que comemos, podemos mantener un sistema alimentario que defienda a las dos personas y al planeta.

Transporte ecológico

El transporte es un gran aliado de los efectos generales de las fuentes de energía no renovables, lo que hace que las decisiones de viaje respetuosas con el medio ambiente sean cruciales para disminuir nuestro impacto natural. Las opciones de transporte viables, como caminar, andar en bicicleta y utilizar los viajes públicos, disminuyen la corrupción y recomiendan la prosperidad y la vecindad.

Caminar y andar en bicicleta son las estrategias de transporte más inocuas para el sistema biológico. No producen desbordamientos, disminuyen el estancamiento y promueven una prosperidad genuina. Para quienes viven en áreas metropolitanas, estas decisiones pueden ser a veces más rápidas y más cómodas para distancias cortas que conducir.

El transporte público es otra opción sensata. Los transportes , trenes y tranvías básicamente reducen la huella de carbono del desarrollo por individuo al dividir el viaje entre varios viajeros. Al elegir los viajes públicos en lugar de los vehículos confidenciales, las personas pueden contribuir a reducir los resultados de las fuentes de energía no renovables y la disminución del interés por los productos derivados del petróleo .

Para distancias más largas o cuando no se pueden tomar varias decisiones, compartir vehículos y elegir vehículos eléctricos o más ligeros puede aliviar el impacto natural. Los vehículos eléctricos (EV), limitados por energía inofensiva para el ecosistema, ofrecen una opción prometedora en lugar de los vehículos tradicionales alimentados con combustible, con la probabilidad de reducir enormemente las emisiones de sustancias que agotan la capa de ozono en la región del transporte.

Adoptar estrategias de transporte respetuosas con el medio ambiente no es simplemente una etapa hacia la legitimidad, sino también una oportunidad para reconsiderar nuestra relación con el desarrollo. Al centrarnos en decisiones que benefician al medio ambiente, podemos ayudar a impulsar el avance hacia un mundo más sensato y conectado.

| 3 |

Capítulo 3: Yendo más allá de lo básico

Diseño manejable

El diseño manejable dificulta los estándares de la industria de la moda al impulsar el ensamblaje moral, la obtención de materiales y la conducta del comprador. El modelo de diseño rápido, descrito por ciclos de creación rápidos y prendas de vestir con un gasto mínimo, contribuye por completo a la degradación ecológica y el abuso laboral. Por el contrario, el diseño manejable se centra en la confección de prendas que limiten el efecto natural y garanticen circunstancias laborales justas.

Una parte fundamental del estilo práctico es la selección de materiales. Las marcas compatibles utilizan con frecuencia algodón natural, texturas reutilizadas y otros materiales ecológicos que requieren menos agua y compuestos sintéticos para su creación que los materiales comunes. Además, estas marcas subrayan la solidez y el diseño atemporal, lo que permite a los compradores comprar menos cosas, mejores y que duren más.

Los compradores pueden participar con un estilo razonable adoptando una forma más cuidadosa de abordar las compras. Esto incluye comprar menos pero elegir marcas buenas, apoyar la moral y considerar la vestimenta clásica o de segunda mano como opciones adecuadas y elegantes. La reparación y el reciclaje de prendas también desempeñan un papel fundamental a la hora de ampliar la existencia de prendas y reducir el desperdicio.

El avance hacia un diseño razonable no se trata sólo de cambiar la forma en que compramos prendas; está relacionado con cambiar nuestra relación con el estilo. Nos incita a estimar estándares más altos pase lo que pase, a pensar en las narrativas detrás de nuestras prendas de vestir y a tomar decisiones que conciernen a las dos personas y al planeta.

Gestión del dinero verde

La gestión del dinero verde aborda la convergencia del dinero y la manejabilidad ecológica. Incluye distribuir capital hacia organizaciones, emprendimientos e innovaciones que contribuyan a un mundo más sustentable. A medida que se desarrolla la conciencia sobre los problemas naturales, más patrocinadores financieros buscan puertas abiertas que ofrezcan retornos monetarios y que afecten enfáticamente al planeta.

Las empresas verdes pueden requerir muchas estructuras, incluidos proyectos de energía respetuosos con el medio ambiente, agricultura económica, innovación limpia y organizaciones con sólidos ensayos ecológicos, sociales y administrativos (ESG). Al coordinar los activos en estas áreas, los patrocinadores financieros pueden respaldar el cambio hacia una economía baja en carbono, promover la protección de los activos y fomentar el desarrollo de la sustentabilidad.

Para los patrocinadores financieros individuales inspirados en la gestión del dinero verde, hay algunas opciones a considerar. Los activos compartidos y las reservas intercambiadas por el comercio (ETF, por sus siglas en inglés) centradas en temas de manejabilidad ofrecen una mayor apertura a las especulaciones verdes. Por otra parte, el interés directo en los bonos verdes o en muchas organizaciones que participan en ensayos de sostenibilidad considera una influencia más designada.

La gestión del dinero verde espera un nivel razonable de esfuerzo para garantizar que las especulaciones se alineen con los objetivos de manejabilidad. Esto podría incluir investigar los informes de sostenibilidad de las organizaciones, conocer sus evaluaciones ESG y estar informado sobre los efectos más amplios relacionados con sus tareas. A pesar de estas dificultades, la planificación financiera verde ofrece la doble ventaja de contribuir a un futuro más práctico y, al mismo tiempo, producir retornos sólidos.

Métodos de conservación del agua

El agua es un bien valioso , pero su preservación muchas veces se ignora en las conversaciones sobre mantenibilidad. El uso productivo del agua es fundamental para disminuir el peso de las fuentes de agua dulce, salvar los sistemas biológicos y aliviar los impactos de las estaciones secas y la escasez de agua. Desde las propensiones básicas en el hogar hasta las campañas locales en todo el área, existen varias formas de conservar el agua.

A nivel individual, reducir el uso de agua se puede lograr mediante prácticas cotidianas como fregar, reparar derrames inmediatamente y utilizar aparatos eficientes en agua. En el vivero, el uso de plantas seguras para períodos de sequía, el ensayo de recolección de agua y el uso de sistemas de sistemas de agua por goteo pueden disminuir por completo el uso de agua.

Las actividades privadas pasadas, el apoyo y la ejecución de acuerdos prácticos de la junta de agua a nivel vecinal y público son fundamentales. Esto puede incluir impulsar la seguridad de los humedales, que normalmente canalizan y almacenan agua, y apoyar proyectos marco que promuevan el uso y la reutilización eficiente del agua.

La preservación del agua no es simplemente una cuestión de activos para la junta; Es una parte básica de la sustentabilidad natural mundial. Al adoptar prácticas de ahorro de agua y apoyar estrategias que salvaguarden los activos hídricos, las personas y las redes pueden contribuir a un futuro más viable y seguro en materia de agua.

Apoyando la biodiversidad

La biodiversidad, la variedad de vida en el planeta, respalda el bienestar y la utilidad de los entornos. Sin embargo, la actividad humana ha provocado una rápida disminución de la biodiversidad, socavando las administraciones medioambientales y la prosperidad humana. De esta manera, apoyar la biodiversidad es una parte vital para superar los aspectos prácticos de la manejabilidad.

Las personas pueden defender la biodiversidad de diferentes maneras, comenzando con sus propios viveros o espacios verdes locales. Desarrollar especies locales, crear entornos naturales propicios para los polinizadores y evitar el uso de pesticidas nocivos puede transformar incluso espacios pequeños en áreas de interés para la biodiversidad. Además, participar o apoyar proyectos de protección locales, como la recuperación de humedales o campañas de plantación de árboles, puede afectar enfáticamente la biodiversidad local y local.

A una escala más amplia, es indispensable impulsar estrategias que salvaguarden los espacios de vida normales, las especies en peligro y promuevan el uso manejable de la tierra. Esto puede incluir apoyar a asociaciones de preservación, participar en conversaciones abiertas y decidir a favor de pioneros centrados en la seguridad ecológica.

Apoyar la biodiversidad no es simplemente un objetivo natural; es un interés en nuestro futuro agregado. Al tomar medidas para proteger y mejorar la biodiversidad, podemos ayudar a garantizar la versatilidad de los entornos de los que depende toda la vida.

| 4 |

Capítulo 4: Construyendo una comunidad sostenible

Dibujando con tu grupo de personas

Hacer un área local práctica incluye más que actividades individuales; requiere esfuerzo y compromiso agregados. Comienza iniciando debates sobre la compatibilidad dentro de sus propios círculos: familia, compañeros y vecinos. Estas conversaciones pueden sacar a la luz problemas, compartir información y estimular una actividad agregada hacia prácticas más conscientes del medio ambiente.

El compromiso local puede requerir muchas estructuras, desde coordinar esfuerzos locales de limpieza hasta participar en estudios y eventos de gestión. Estos ejercicios contribuyen a la mejora natural y cultivan un sentimiento de pertenencia local y una perspectiva común. Además, al incluir organizaciones vecinales y escuelas en estas campañas, se puede mejorar fundamentalmente el alcance y el efecto de estos esfuerzos.

Construir un espacio local funcional también implica apoyar las economías vecinales. Comprar en los sectores comerciales de los ganaderos locales, visitar empresas privadas y participar en proyectos de agronegocios respaldados por el área local pueden disminuir las impresiones de carbono y apoyar las economías cercanas. Estas actividades dinamizan la creación y utilización de productos cercanos y mantenibles, creando un área local versátil e interconectada.

Además, es urgente dialogar con los gobiernos locales y los responsables de la formulación de políticas. Defender la preparación metropolitana práctica, la recepción de energía respetuosa con el medio ambiente y los espacios verdes puede impulsar cambios fundamentales que contribuyan a un área local sostenible. A través de peticiones, asistiendo a reuniones de juntas directivas o, en cualquier caso, haciendo campaña para un puesto cercano, las personas pueden influir en la estrategia y contribuir a establecer un clima más práctico para todos.

Respaldo y cambio de estrategia

El apoyo asume un papel urgente a la hora de impulsar el cambio de estrategia ecológica. Al alzar nuestras voces a favor del apoyo, podemos influir en las decisiones que dan forma a nuestras redes y al mundo en general. Una promoción poderosa incluye aprender a nosotros mismos sobre cuestiones ecológicas, hablar con los responsables de las políticas y activar a otros para que tomen medidas.

Una forma viable de obtener apoyo es participando o participando en campañas que se centren en cuestiones ecológicas específicas, como la recepción de energía respetuosa con el medio ambiente, la reducción del despilfarro o los esfuerzos de preservación. Estas misiones pueden incluir redactar cartas o mensajes a autoridades seleccionadas , participar en espectáculos tranquilos o utilizar escenarios de entretenimiento en línea para sacar a la luz los problemas y obligar a los formuladores de políticas a actuar.

La creación de alianzas y asociaciones con otras reuniones ecológicas, asociaciones de áreas locales y organizaciones puede intensificar los esfuerzos de apoyo. Estos esfuerzos coordinados pueden hacer que sea más difícil pasar por alto un frente unificado que tome la decisión de cambiar. Además, cautivar a los medios de comunicación para presentar temas y actividades importantes puede contactar a una multitud más amplia, presionando a los formuladores de políticas a actuar.

Mantenerse informado y decidir a favor de pioneros que se centran en la mantenibilidad ecológica es una parte más importante de la promoción. Elegir agentes que se centren en atender el cambio ambiental, salvaguardar los activos regulares y aplicar enfoques ecológicos puede generar grandes avances en la construcción de redes manejables.

Entrenamiento y esfuerzo

La capacitación es el establecimiento a partir del cual se construyen redes viables. Educar a las personas sobre la importancia de la manejabilidad y cómo integrar prácticas ecoconscientes en sus vidas puede afectar de manera innovadora un área local. Los proyectos, estudios y talleres de extensión pueden brindar la información y las habilidades que se esperan para hacer que la vida sea viable y esté disponible para todos.

Las escuelas pueden incorporar la manejabilidad en sus programas educativos, mostrando a los estudiantes los problemas y disposiciones ecológicos desde el principio. Los lugares públicos y las bibliotecas pueden tener oradores y mostrar materiales relacionados con la compatibilidad, ofreciendo recursos para el aprendizaje. Los escenarios en línea y el entretenimiento virtual también ofrecen enormes puertas abiertas para difundir información y atraer a una multitud más amplia.

Contribuir a asociaciones o campañas naturales vecinales puede proporcionar experiencia activa y formación adicional. Estos encuentros contribuyen a la autoconciencia, además de reforzar los vínculos locales y promover una cultura de compatibilidad.

Además, enseñar a la zona local sobre las ventajas financieras, naturales y médicas de una vida viable puede estimular la actividad. Cuando las personas comprenden los importantes beneficios de la mantenibilidad, como menores costos de energía, mejores estilos de vida y un clima más limpio, están obligados a adoptar y promover prácticas sustentables.

Enfoques estratégicos factibles

Las organizaciones asumen un papel fundamental en la construcción de redes económicas. Al adoptar prácticas sustentables, las organizaciones pueden disminuir su efecto natural, trabajar en sus notoriedades y contribuir decididamente a sus redes. Esto incluye realizar actividades productivas de energía, disminuir el desperdicio, obtener materiales viables y apoyar prácticas de trabajo justo.

Potenciar los entornos laborales para que sean ambientalmente viables puede comenzar con avances básicos, por ejemplo, disminuir el uso de papel, reutilizar y ahorrar energía. Las organizaciones también pueden centrarse en otros cambios importantes, como adoptar fuentes de energía respetuosas con el medio ambiente, poner los recursos en una base manejable y garantizar que sus cadenas de suministro se centren en las obligaciones ecológicas y sociales.

Apoyar o iniciar organizaciones de alojamiento ecológico es una forma más de contribuir a un espacio local práctico. Estas organizaciones ofrecen elementos y servicios razonables, además de actuar como modelos para prácticas conscientes. Muestran cómo el beneficio y la compatibilidad pueden permanecer estrechamente relacionados, permitiendo a diferentes organizaciones seguir este mismo patrón.

Los clientes desempeñan un papel importante en este ciclo al apoyar a las organizaciones que se centran en la compatibilidad. Al decidir gastar dinero en artículos y servicios que se alinean con cualidades ecológicas, los clientes pueden generar interés por prácticas sustentables e instar a más organizaciones a adoptar iniciativas ecológicas.

| 5 |

Capítulo 5: Viaje personal hacia una vida ecoconsciente

Emprender un camino hacia una vida ecoconsciente es a la vez una excursión profundamente privada y, en general, eficaz. Incluye un cambio de contexto, de propensiones y, frecuentemente, de valores. Esta parte profundiza en mi propia excursión hacia la manejabilidad, presentando las dificultades enfrentadas, los arreglos encontrados y el curso continuo de aprendizaje y adaptación para una forma de vida más práctica.

El vivificante

Mi proceso comenzó con un reconocimiento, un reconocimiento de la verdad obvia de nuestra emergencia natural. Fue un ciclo lento, impulsado por narrativas, artículos y percepciones de primera mano sobre el desperdicio, la contaminación y la degradación ecológica. Esta atención plena trajo un sentimiento de obligación; A partir de ahora no podría vivir sin tener en cuenta el efecto de mis decisiones en el mundo. El anhelo de tener un efecto, por pequeño que sea, se convirtió en el principal impulso de mi incursión hacia una vida ecoconsciente.

Haciendo cambios

Los pasos iniciales incluyeron cambios inequívocos para disminuir mi impresión natural. Comencé con actividades sencillas: transportar paquetes, jarras y soportes reutilizables; disminución de la utilización de carne; y preservar la energía y el agua en casa. Cada paso, por pequeño que fuera, parecía un triunfo. No obstante, los desafíos eran ineludibles. Conquistar la comodidad de los artículos prescindibles, buscar otras opciones razonables y manejables y cambiar de acuerdo con una dieta basada en plantas requirió esfuerzo, investigación y, en algunos casos, dividir la diferencia.

Ir más lejos

A medida que mi proceso avanzó, mis actividades pasaron por cambios esenciales. Investigué el diseño económico, eligiendo ropa de segunda mano y confeccionada moralmente , y profundicé en la planificación financiera verde, apoyando organizaciones y tareas con un efecto ecológico positivo. También participé en esfuerzos de preservación local, entendiendo la importancia del espacio local para lograr objetivos naturales más amplios. Estos cambios más profundos no se referían sólo a limitar los daños; se trataba de contribuir eficazmente al cambio positivo.

La excursión continua

La vida ecoconsciente es una excursión continua, no un objetivo. Se trata de recoger, ajustar y buscar constantemente mejores enfoques para vivir como uno con el planeta. Los desafíos siguen siendo , por ejemplo, explorar las circunstancias sociales, compensar la adaptación con la manejabilidad y mantenerse impulsados a pesar de los problemas ecológicos mundiales. En cualquier caso, los premios (un mayor bienestar, un sentimiento de dirección y la información que estoy agregando a un grande más destacado) compensan con creces las dificultades.

Desde mi viaje, he comprendido que una vida ecoconsciente no se trata de perfección, sino de progreso. Está relacionado con la búsqueda de mejores decisiones, de forma lenta pero segura, y con motivar a otros a hacer lo mismo. Esta excursión me ha mostrado la fuerza de las actividades individuales unidas a esfuerzos agregados. Juntos podemos crear un mundo más práctico, en lo que a nosotros respecta , pero también para las personas del futuro.

Conclusión

Al terminar "Vida eco-consciente: tomar decisiones que beneficien a la Tierra", consideramos la excursión adoptada: un viaje a través de los dominios de la sustentabilidad, basado en la fuerza de la actividad individual y agregada. Este libro ha tejido los aspectos esenciales de una vida razonable, se ha adentrado en los dominios de los ensayos de vanguardia y ha destacado la tarea crucial del compromiso local y la responsabilidad individual. Ha apuntado tanto a iluminar como a motivar; No sólo para ayudar, sino también para estimular la actividad hacia una presencia más manejable.

Seguir un camino hacia una vida ecoconsciente es tanto una decisión individual como un objetivo colectivo. Hemos investigado las numerosas formas en que nuestras rutinas diarias se cruzan con el clima: desde los alimentos que comemos y las prendas que usamos hasta las empresas que emprendemos y las redes que ayudamos a construir. Cada sección ha iluminado el potencial de influencia inherente a estos puntos de cruce, ofreciendo medidas viables para proceder con mayor delicadeza en la Tierra y al mismo tiempo mejorar nuestras propias vidas y las de las personas en el futuro.

Sin embargo, la excursión no acaba aquí. La manejabilidad es un intercambio progresivo entre nuestra información en desarrollo sobre las necesidades del mundo y nuestra capacidad de avance y simpatía. Es un camino producido por el aprendizaje continuo, la variación y el afán de participar en los complejos ciclos de progreso, que de vez en cuando se ponen a prueba. La historia de una vida ecoconsciente se compone de manera consistente, con cada actividad, cada decisión, lo que se suma a una historia más amplia de confianza y flexibilidad.

Este libro también ha resaltado el significado del área local en la condición de sustentabilidad. Una vida sostenible, en esencia, es una empresa mutua: un bordado de actividades individuales entretejidas en un poder agregado para la administración natural. Al unirnos a nuestras redes, defender estrategias sostenibles, enseñar a otros y apoyar a organizaciones ecológicas, mejoramos el efecto de nuestras decisiones y generamos una visión común para un futuro económico.

En la impresión de nuestro proceso está la comprensión de que la sustentabilidad no es un objetivo, sino un curso constante de desarrollo y mejora. Está ligado a hacer todo lo que se puede esperar de lo que tenemos, sabiendo que cada paso dado es un paso hacia un planeta mejor. Las dificultades de vivir económicamente van acompañadas de importantes puertas abiertas para el avance, la asociación y la recarga. A medida que avanzamos, transmitamos los conocimientos y motivaciones de estas páginas a nuestras vidas, abrazando los placeres y las obligaciones de una vida ecoconsciente.

"Vida eco-consciente: tomar decisiones que beneficien a la Tierra" es más que una ayuda; es un saludo. Un estímulo para ver el mundo con nuevos ojos, para percibir nuestra capacidad de generar cambios y para dar un paso firme hacia un futuro en el que las personas residan como una con el mundo normal. Al cerrar esta parte, se abre otra: una sección de actividad, confianza y proceder con obligación hacia la tierra que nos sostiene.

Juntos tenemos la capacidad de dar forma a un mundo factible. Nuestras decisiones de hoy reverberarán a lo largo de los siglos, una demostración de nuestro respeto por el planeta y por los demás. Permítanos elegir con astucia, con corazones y psiques abiertos a los vastos resultados potenciales de un mañana práctico.

Recursos adicionales

Emprender el camino hacia una vida ecoconsciente es una empresa compensatoria que beneficia tanto al individuo como al planeta. Para ayudarlo aún más en su viaje, hay disponible una gran cantidad de recursos que pueden ampliar su comprensión, motivar su actividad e interconectarlo con redes similares. Los siguientes son activos cuidadosamente elegidos para guiarlo en diferentes partes de una vida sostenible.

Libros

1. "Esto lo cambia todo: capitalismo versus clima" por Naomi Klein - Una investigación convincente de la conexión entre la degradación natural y las obras financieras, que ofrece conocimientos sobre cambios y desarrollos estratégicos revolucionarios.
2. "El estilo de vida sin desperdicio: viva bien tirando menos" de Amy Korst: brinda consejos útiles para reducir el despilfarro familiar y enfatiza la importancia de pequeños cambios con un efecto importante.
3. "Cradle to Cradle: Rehaciendo la forma en que hacemos las cosas" de William McDonough y Michael Braungart : un libro importante que reconsidera los estándares del plan de artículos para su compatibilidad natural.

Sitios web y plataformas en línea

- El Grupo de Trabajo Ambiental (EWG): ofrece recursos para reducir la exposición a productos químicos y llevar un estilo de vida más saludable y sostenible. (www.ewg.org)

- TreeHugger: un medio de comunicación líder dedicado a impulsar la sostenibilidad, cubriendo una amplia gama de temas, desde diseño ecológico hasta ciencias naturales. (www.treehugger.com)
- The Minimalists: proporciona inspiración y consejos para vivir una vida significativa con menos, centrándose en el orden y el consumo consciente. (www.theminimalists.com)

Aplicaciones y herramientas

- Good On You: una aplicación móvil que califica el impacto ético y ambiental de las marcas de ropa, ayudándote a tomar decisiones de moda informadas.
- Ecosia: un motor de búsqueda que utiliza sus ganancias para plantar árboles. Básicamente, mirando a través de la web, puede contribuir a los esfuerzos de reforestación.
- OLIO: conecta a los vecinos entre sí y con las empresas locales para que los excedentes de alimentos y otros artículos puedan compartirse, no desecharse.

Organizaciones para apoyar o para las que ofrecerse como voluntario

- The Nature Conservancy: trabaja en todo el mundo para proteger tierras y aguas ecológicamente importantes para la naturaleza y las personas. Ser voluntario o donar puede apoyar sus esfuerzos de conservación.
- 350.org: un movimiento internacional que trabaja para poner fin al uso de combustibles fósiles y la transición a energías renovables. Organizan campañas de base a escala global.
- Grupos e iniciativas ambientales locales: colaborar con organizaciones ambientales locales puede marcar una diferencia tangible en su comunidad. Considere ofrecerse como voluntario para eventos de plantación de árboles, limpieza de playas o proyectos de jardinería comunitaria.

Mantenerse informado y comprometido

A medida que continúe su excursión de vida ecoconsciente, será imperativo permanecer educado y atraído por el área local. Vaya a estudios, únase a reuniones naturales locales y participe en debates en línea para compartir experiencias y beneficiarse de los demás. Tenga en cuenta que el progreso hacia una forma de vida más manejable es un ciclo lento, cargado de aprendizajes, valiosas puertas abiertas e instantáneas de reflexión. Al utilizar estos activos, avanza hacia decisiones que lo benefician tanto a usted como a la Tierra.

Este resumen es sólo una etapa inicial. El campo de la mantenibilidad es inmenso y siempre avanza, así que siga buscando nuevos datos, desafíese a desarrollarse y comparta sus conocimientos con otros. Juntos podemos tener un efecto tremendo en la fortaleza de nuestro planeta.